Mein allerschönster Traum

Visul meu cel mai frumos

Ein Bilderbuch in zwei Sprachen

Download-Link zum Hörbuch:

www.sefa-bilingual.com/mp3

Kostenloser Zugang mit dem Kennwort:

Deutsch: **BDDE1314**

Rumänisch: **BDRO2724**

Cornelia Haas · Ulrich Renz

Mein allerschönster Traum

Visul meu cel mai frumos

Zweisprachiges Kinderbuch,

mit Hörbuch zum Herunterladen

Übersetzung:

Bianca Roiban (Rumänisch)

Lulu kann nicht einschlafen. Alle anderen träumen schon – der Haifisch, der Elefant, die kleine Maus, der Drache, das Känguru, der Ritter, der Affe, der Pilot. Und der Babylöwe. Auch dem Bären fallen schon fast die Augen zu ...

Du Bär, nimmst du mich mit in deinen Traum?

Lulu nu poate să adoarmă. Toți ceilalți visează deja – rechinul, elefantul, șoarecele cel mic, dragonul, cangurul, cavalerul, maimuța, pilotul. Și puiul de leu. Și ursului aproape că i se închid ochii.

Ursule, mă iei cu tine în visul tău?

Und schon ist Lulu im Bären-Traumland. Der Bär fängt Fische im Tagayumi See. Und Lulu wundert sich, wer wohl da oben in den Bäumen wohnt? Als der Traum zu Ende ist, will Lulu noch mehr erleben. Komm mit, wir besuchen den Haifisch! Was der wohl träumt?

Și deja este Lulu în lumea de vis a urșilor. Ursul prinde pești în lacul Tagayumi. Și Lulu se miră, oare cine locuiește acolo sus în copaci? Când visul s-a sfârșit, Lulu vrea să descopere și mai mult. Hai și tu, îl vizităm pe rechin! Oare ce visează el?

Der Haifisch spielt Fangen mit den Fischen. Endlich hat er Freunde! Keiner hat Angst vor seinen spitzen Zähnen.

Als der Traum zu Ende ist, will Lulu noch mehr erleben. Kommt mit, wir besuchen den Elefanten! Was der wohl träumt?

Rechinul se joacă de-a prinselea cu peștii. În sfârșit are prieteni! Niciunuia nu îi e frică de dinții lui ascuțiți.

Când visul s-a sfârșit, Lulu vrea să descopere și mai mult. Haideți și voi, îl vizităm pe elefant! Oare ce visează el?

Der Elefant ist so leicht wie eine Feder und kann fliegen! Gleich landet er auf der Himmelswiese.

Als der Traum zu Ende ist, will Lulu noch mehr erleben. Kommt mit, wir besuchen die kleine Maus! Was die wohl träumt?

Elefantul este ușor ca o pană și poate zbura! Imediat aterizează pe pajiștea cerului.

Când visul s-a sfârșit, Lulu vrea să descopere și mai mult. Haideți și voi, îl vizităm pe șoarecele cel mic. Oare ce visează el?

Die kleine Maus schaut sich den Rummel an. Am besten gefällt ihr die Achterbahn.

Als der Traum zu Ende ist, will Lulu noch mehr erleben. Kommt mit, wir besuchen den Drachen! Was der wohl träumt?

Șoarecele cel mic e la bâlci. Cel mai mult îi place trenulețul zburător. Când visul s-a sfârșit, Lulu vrea să descopere și mai mult. Haideți și voi, îl vizităm pe dragon. Oare ce visează el?

Der Drache hat Durst vom Feuerspucken. Am liebsten will er den ganzen Limonadensee austrinken.

Als der Traum zu Ende ist, will Lulu noch mehr erleben. Kommt mit, wir besuchen das Känguru! Was das wohl träumt?

Dragonului îi este sete de la scuipat de foc. Cel mai mult i-ar plăcea să bea tot lacul de limonadă.

Când visul s-a sfârșit, Lulu vrea să descopere și mai mult. Haideți și voi, îl vizităm pe cangur! Oare ce visează el?

Das Känguru hüpft durch die Süßigkeitenfabrik und stopft sich den Beutel voll. Noch mehr von den blauen Bonbons! Und mehr Lollis! Und Schokolade!

Als der Traum zu Ende ist, will Lulu noch mehr erleben. Kommt mit, wir besuchen den Ritter! Was der wohl träumt?

Cangurul sare prin fabrica de dulciuri și își îndoapă marsupiul. Și mai multe bomboane albastre! Și mai multe acadele! Și ciocolata!

Când visul s-a sfârșit, Lulu vrea să descopere și mai mult. Haideți și voi, îl vizităm pe cavaler! Oare ce visează el?

Der Ritter macht eine Tortenschlacht mit seiner Traumprinzessin. Oh! Die Sahnetorte geht daneben!

Als der Traum zu Ende ist, will Lulu noch mehr erleben. Kommt mit, wir besuchen den Affen! Was der wohl träumt?

Cavalerul face o bătaie cu tort cu prințesa lui de vis. Oh! Tortul de frișcă zboară pe lângă!

Când visul s-a sfârșit, Lulu vrea să descopere și mai mult. Haideți și voi, o vizităm pe maimuță! Oare ce visează ea?

Endlich hat es einmal geschneit im Affenland! Die ganze Affenbande ist aus dem Häuschen und macht Affentheater.
Als der Traum zu Ende ist, will Lulu noch mehr erleben. Kommt mit, wir besuchen den Piloten! In welchem Traum der wohl gelandet ist?

În sfârșit a nins odată în lumea maimuțelor! Toată trupa maimuțelor și-a ieșit din minte și face spectacol.

Când visul s-a sfârșit, Lulu vrea să descopere și mai mult. Haideți și voi, îl vizităm pe pilot! În ce vis a aterizat el oare?

Der Pilot fliegt und fliegt. Bis ans Ende der Welt und noch weiter bis zu den Sternen. Das hat noch kein anderer Pilot geschafft.
Als der Traum zu Ende ist, sind alle schon sehr müde und wollen nicht mehr so viel erleben. Aber den Babylöwen wollen sie noch besuchen. Was der wohl träumt?

Pilotul zboară și zboară. Până la capătul pământului și mai departe până la stele. Așa ceva nu a reușit nici un alt pilot.
Când visul s-a sfârșit, sunt toți foarte obosiți și nu mai vor să descopere așa de multe. Dar pe puiul de leu mai vor să îl viziteze. Oare ce visează el?

Der Babylöwe hat Heimweh und will zurück ins warme, kuschelige Bett.
Und die anderen auch.

Und da beginnt …

Puiului de leu îi este dor de casă și vrea înapoi în patul cald și pufos.
Și ceilalți la fel.

Și atunci începe ...

... Lulus
allerschönster Traum.

... visul cel mai frumos
al lui Lulu.

Cornelia Haas wurde 1972 in Ichenhausen bei Augsburg geboren. Nach ihrer Ausbildung zur Schilder- und Lichtreklameherstellerin studierte sie an der Fachhochschule Münster Design, und machte dort ihren Abschluss als Diplom Designerin. Seit 2001 illustriert sie Kinder- und Jugendbücher, seit 2013 lehrt sie als Dozentin für Acryl- und Digitale Malerei an der Fachhochschule Münster.

Cornelia Haas s-a născut în anul 1972 în Ichenhausen lângă Augsburg (Germania). După formarea profesională ca producătoare de panouri și reclame luminoase a studiat design la școala superioară de arte și meserii în Münster și a absolvit acolo ca designer cu diploma. Din anul 2001 ilustrează cărți pentru copii și adolescenți, din anul 2013 predă ca docent pictură acrilică și digitală la școala superioară de arte și meserii în Münster.

www.cornelia-haas.de

Malst du gerne?

Hier findest du die Bilder der Geschichte zum Ausmalen:

www.sefa-bilingual.com/coloring

Viel Spaß!

Lieber Leser,

wie schön, dass Sie mein Buch entdeckt haben! Wenn es Ihnen (und vor allem Ihrem Kind) gefallen hat, sagen Sie es gerne weiter, per Facebook-Like oder mit einer Email an Ihre Freunde:

www.sefa-bilingual.com/like

Auch über einen Kommentar oder eine Rezension würde ich mich sehr freuen. Likes und Kommentare sind die Streicheleinheiten für Autoren, herzlichen Dank!

Bitte haben Sie noch etwas Geduld, falls es in Ihrer Sprache noch keine Hörbuch-Version gibt! Wir arbeiten daran, möglichst alle Sprachen als Hörbuch zur Verfügung zu stellen. Sie können sich über den Stand der Arbeit im „Sprachen-Zauberhut" auf unserer Webseite informieren:

www.sefa-bilingual.com/languages

Nun will ich mich aber noch kurz vorstellen: Ich wurde 1960 in Stuttgart geboren, zusammen mit meinem Zwillingsbruder Herbert (der auch Schriftsteller geworden ist). Ich habe in Paris Französische Literatur und ein paar Sprachen studiert, danach in Lübeck Medizin. Meine Karriere als Arzt war aber von kurzer Dauer, denn schon bald kamen die Bücher ins Spiel: zunächst medizinische Fachbücher, die ich als Herausgeber und Verleger betreute, später dann Sachbücher und Kinderbücher.

Ich lebe mit meiner Frau Kirsten in Lübeck ganz im Norden von Deutschland, zusammen haben wir drei (jetzt schon erwachsene) Kinder, einen Hund, zwei Katzen und einen kleinen Verlag: den Sefa Verlag.

Wer mehr von mir wissen will, kann mich auf meiner Webseite besuchen, und darüber auch gerne mit mir in Kontakt treten: **www.ulrichrenz.de**

Herzliche Grüße,

Ulrich Renz

Lulu empfiehlt außerdem:

Schlaf gut, kleiner Wolf

Lesealter: ab 2 Jahren

mit Hörbuch zum Herunterladen

Tim kann nicht einschlafen. Sein kleiner Wolf ist weg! Hat er ihn vielleicht draußen vergessen?
Ganz allein macht er sich auf in die Nacht – und bekommt unerwartet Gesellschaft...

In Ihren Sprachen verfügbar?

▶ Schauen Sie in unserem „Sprachen-Zauberhut" nach:

www.sefa-bilingual.com/languages

Die wilden Schwäne

Nach einem Märchen von Hans Christian Andersen

Lesealter: ab 4-5 Jahren

mit Hörbuch zum Herunterladen

„Die wilden Schwäne" von Hans Christian Andersen ist nicht umsonst eines der weltweit meistgelesenen Märchen. In zeitloser Form thematisiert es den Stoff, aus dem unsere menschlichen Dramen sind: Furcht, Tapferkeit, Liebe, Verrat, Trennung und Wiederfinden.

In Ihren Sprachen verfügbar?

▶ Schauen Sie in unserem „Sprachen-Zauberhut" nach:

www.sefa-bilingual.com/languages

Mehr von mir ...

Motte & Co!

▶ 4-bändige Kinderkrimi-Serie

▶ Lesealter: ab 9 Jahren

▶ mit Ausgabe in Einfacher Sprache und Unterrichtsmaterialien für den differenzierten Unterricht

▶ Englische Ausgabe: „Bo & Friends" ▶ www.bo-and-friends.com

▶ Den ersten Band der Serie, „Auf der Spur der Erpresser", gibt es kostenlos als Ebook und als Hörbuch. Ungekürzt! Und zwar hier:

www.motte-und-co.de/free

© 2020 by Sefa Verlag Kirsten Bödeker, Lübeck, Germany

www.sefa-verlag.de

IT: Paul Bödeker, München, Germany

All rights reserved. No part of this book may be reproduced without the written consent of the publisher.

ISBN: 9783739964157

Version: 20190101

www.sefa-bilingual.com